Duden

Deutsche Rechtschreibung – kurz gefasst

Von Christian Stang

Dudenverlag
Mannheim · Leipzig · Wien · Zürich

Vorwort

Die geschriebene Sprache eröffnet die Möglichkeit, sprachliche Äußerungen über größere räumliche Entfernungen und längere Zeitabschnitte zu archivieren. Daher wird der Normierung der geschriebenen Sprache – der Rechtschreibung – innerhalb der Sprachgemeinschaft eine besondere Bedeutung zugemessen. In Schule, Beruf und Alltag wird sie als ein unverzichtbares Mittel zur reibungslosen Kommunikation betrachtet.

Die Broschüre »Duden. Deutsche Rechtschreibung – kurz gefasst« ermöglicht allen Benutzerinnen und Benutzern einen schnellen Zugriff auf die wesentlichen Regeln der deutschen Rechtschreibung und Zeichensetzung. Sie eignet sich sowohl zum schnellen Nachschlagen als auch zum Wiederholen und Auffrischen vorhandener Grundkenntnisse.

Wegen des bewusst knapp gehaltenen Umfangs kann und will diese Broschüre nur zusammenfassendes Überblickswissen bieten. Wer weiterführende Informationen sucht, sei auf den Duden, Band 1, »Die deutsche Rechtschreibung«, verwiesen, der neben dem amtlichen Regelwerk eine alphabetisch geordnete ausführliche Darstellung der deutschen Orthographie umfasst.

Die vorliegende Abhandlung berücksichtigt in allen Teilen die am 1. August 1998 in Kraft getretene Neuregelung der deutschen Rechtschreibung, die nach dem Ablauf der Übergangsfrist ab August 2005 für Schulen und Behörden allein verbindlich sein wird.

Die Dudenredaktion

Inhalt

Die Laut-Buchstaben-Zuordnungen

Grundlagen

Die deutsche Rechtschreibung beruht auf der lateinischen **Buchstabenschrift** (Alphabetschrift). **Laute** und **Buchstaben** sind einander nach bestimmten Regeln zugeordnet. Diese **Laut-Buchstaben-Zuordnungen** bestimmen die grundlegende Schreibung der Wörter. Sie legen fest, wie die **Laute** (oder Lautverbindungen) in der **gesprochenen** Sprache durch **Buchstaben** (oder Buchstabenverbindungen) in der **geschriebenen** Sprache wiedergegeben werden.

Die folgenden Regeln gelten für den allgemeinen Wortschatz der deutschen Sprache, aber nicht für alle Eigennamen und Ableitungen von Eigennamen.

Die **Laute** werden in zwei Gruppen unterteilt: **Vokale** und **Konsonanten.**

Diese werden ohne Hilfe eines anderen Lautes ausgesprochen. • **einfache Vokale** • **Umlaute** • **Diphthonge** (Doppellaute, Zwielaute)	a – e – i – o – u ä – ö – ü au – eu – ei – ai – äu

Diese werden mithilfe eines Vokals ausgesprochen. – **stimmhafte Konsonanten** (weiche Aussprache) – **stimmlose Konsonanten** (harte, scharfe Aussprache)	b – d – g – w … p – t – k – f …

Die Wiedergabe der Kurzvokale (Schärfung)

Nach einem **kurzen, betonten** Vokal wird der nachfolgende Konsonantenbuchstabe meist **verdoppelt.**	ba*gg*ern, ko*mm*en, ne*nn*en, Ma*pp*e, Hü*tt*e Karame*ll*, To*ll*patsch, Ste*pp*, Ti*pp*, Fri*tt*euse
Diese **Doppelschreibung** bleibt in allen Beugungsformen, Zusammensetzungen und Ableitungen mit kurzem Vokal erhalten.	ko*mm*t, ne*nn*st, na*nn*te Scha*ff*ner (zu: scha*ff*en) He*mm*nis (zu: he*mm*en)

Die Buchstaben **k** und **z** werden in deutschen Wörtern **nicht** verdoppelt. Statt **kk** steht **ck**; statt **zz** steht **tz**.	Backe, Dackel, Decke, Lücke, wecken Fetzen, Glatze, Hitze, Katze, platzieren
Nach den Konsonanten **l, m, n** und **r** steht **kein ck** und **tz**.	Balken, Imker, Blinker, merken Pelz, Kranz, Gewürz
In **Fremdwörtern** aus dem Lateinischen, Griechischen, Französischen steht ebenfalls **kein ck**.	Artikel, Diktat, Direktor, Doktor, Fabrik, Musik, Rakete, Republik, Sekt, Tabak **aber:** (aus dem Englischen) Blackout, Hockey
Nach einem **Diphthong** steht **kein tz**.	beizen, Kauz, Kreuz, Schnauze, spreizen

Wenn auf einen **kurzen, betonten** Vokal mehrere verschiedenartige Konsonanten folgen, wird der dem Vokal nachfolgende Konsonantenbuchstabe **nicht** verdoppelt.	Falte, Feld, Geschwulst, Halfter, Hals, Hand, hart, Heft, kalt, Künstler, kurz, melden, Schmalz, wirken
Bei bestimmten einsilbigen Wörtern wird die Vokalkürze ebenfalls **nicht** angezeigt. Dies gilt auch für eine Anzahl einsilbiger **Fremdwörter**.	ab, an, hat, man, mit, ob, um, von, weg Bus, Clip, Cup, fit, Flop, Gag, Hit

Die Wiedergabe der Langvokale (Dehnung)

Der lang gesprochene Vokal wird bei der schriftlichen Wiedergabe häufig nicht besonders gekennzeichnet: Tal, Ware; geben, Weg; Augenlid, Biber; Bote, rot; Blume, mutig. In zahlreichen Fällen wird jedoch der Langvokal sichtbar durch das **Dehnungs-h,** das **lange i** oder die **Doppelschreibung des Vokals.**

Ein langer Vokal wird in vielen Wörtern durch ein zusätzliches **h** gekennzeichnet. Dieses Dehnungs-h steht oft vor **l, m, n** oder **r**.	Mehl, Stuhl, Zahl; abnehmen, Lehm, Rahmen; dehnen, Lohn, Zahn; fahren, Gebühr, Röhre
Wörter, die vor dem langen Vokal mit einem **qu** oder **sch** geschrieben werden, erhalten meist **kein** Dehnungs-h.	Quader, Qual, quer Schal, Schema, Schere, Schule, Schoner **aber:** Schuh

Das lange i wird in vielen Wörtern durch das Anfügen eines **e** gekennzeichnet.	Brief, Dieb, Fieber, Liebe, Lieder, nieder, probieren, sieben, tief, viel, Wiese, zufrieden
In wenigen Fällen wird das lange i als **ih** oder **ieh** wiedergegeben.	ihm, ihn, ihnen, ihr fliehen, Vieh, wiehern, ziehen
In den meisten Fremdwörtern wird das lange i als **einfaches i** geschrieben.	Exil, Kamin, Krise, Krokodil, Musik, Physik, Profil, Spirale, Tarif, Termin, Tiger, Ventil
Auch Fremdwörter mit der Endung **-ine** werden mit **einfachem i** geschrieben.	Apfelsine, Gelatine, Kantine, Margarine, Maschine, Praline, Rosine, Turbine, Violine
In Fremdwörtern werden die betonten Nachsilben **-ie**, **-ier** und **-ieren** mit **ie** geschrieben.	Drogerie, Garantie, Scharnier, Turnier; diktieren, gratulieren, informieren, interessieren, studieren, trainieren

Doppelschreibung des Vokals:	
Bei manchen Wörtern wird der **lange** Vokal durch die **Verdoppelung** des Buchstabens gekennzeichnet. Es werden nur die Vokale **a**, **e** und **o** verdoppelt.	Aal, Haar, Paar, Saal, Staat, Waage Beet, Fee, Heer, Idee, Meer, Speer, Teer Boot, doof, Moor, Moos, Zoo
Die Länge der **Umlaute** wird **nicht** durch die Verdoppelung des Buchstabens gekennzeichnet.	Bötchen (zu: Boot) Härchen (zu: Haar) Pärchen (zu: Paar)

Die Umlaute ä und äu

Wörter mit ä:	
Wörter mit **ä** lassen sich meistens von einem **Stammwort** mit a ableiten.	Bälle (zu: Ball), Fälle (zu: Fall), Gäste (zu: Gast), Stärke (zu: stark), behände (zu: Hand), Gämse (zu: Gams) **Doppelformen:** aufwendig / aufwändig, Schenke / Schänke **aber:** Eltern (trotz: alt), schwenken (trotz: schwanken)

Wörter mit äu:	
Wörter mit **äu** lassen sich meistens von einem **Stammwort** mit **au** ableiten.	Bäume (zu: Baum), Häute (zu: Haut), säubern (zu: sauber), Träume (zu: Traum), Gräuel (zu: Grauen), schnäuzen (zu: Schnauze) **Ausnahmen:** Knäuel, räuspern, Säule, sträuben

Wörter mit ei und ai

Die Schreibung **e** plus **i** ist am häufigsten.	beide, Blei, drei, Eier, Leib (= Körper), Leim, Leiter, rein, Seite (= Buchseite), Zeit
In einer eng begrenzten Zahl von Wörtern wird **ai** geschrieben.	Hai, Hain, Kaiser, Laib (= Brotlaib), Laich, Lakai, Maid, Mais, Rain, Saite (an einem Musikinstrument), Taifun, Waise

Die Wiedergabe der s-Laute

Im Deutschen unterscheidet man zwei s-Laute: das **stimmhafte** (weiche) **s** und das **stimmlose** (scharfe) **s**. Die beiden s-Laute werden in drei verschiedenen Formen wiedergegeben: durch **s** (einfaches **s**), durch **ss** (Doppel-**s**) und durch **ß** (scharfes **s**, Eszett). In der Schweiz wird statt **ß** generell **ss** geschrieben.

stimmhaftes s: Das stimmhafte s wird immer als (einfaches) s wiedergegeben.	
Am **Wortanfang** steht vor einem Vokal immer das stimmhafte s.	Saal, Salz, Sauna, See, Seite, sieben, Sucht
Im **Wortinneren** steht das stimmhafte s häufig zwischen zwei Vokalen.	böse, Dose, lesen, Hase, Reise, tausend, Wiese
Das stimmhafte s steht nach den Konsonanten **l, m, n** und **r**. Diese Regel gilt **nicht** am Wortende.	Felsen, Hälse; Amsel, Gämse; Insel, Zinsen; Ferse, Kurse

stimmloses s: Das stimmlose s wird als ss und ß wiedergegeben.	
Nach einem **kurzen, betonten** Vokal wird das stimmlose s in der Regel als **ss** wiedergegeben.	essen, Fässer, Flüsse, hassen, küssen, lassen, messen, pressen, Schüssel, Fass, Genuss, Kongress, Kuss, muss, nass **aber:** bis, bist, was
Das **ss** bleibt auch vor der **Zusammensetzungsfuge** erhalten.	Nussschokolade, Missstand
Nach einem **langen** Vokal oder einem **Diphthong** wird das stimmlose s in der Regel als **ß** wiedergegeben.	bloß, Füße, Gruß, Kloß, Straße, Verstoß anschließend, außen, beißen, fließen, Fleiß, heißen, Spieß, Strauß **aber:** Haus (wegen stimmhaftem Häuser), Glas (wegen stimmhaftem Gläser), aus, Reis

Gleich und ähnlich klingende Wörter

das / dass:	
das ist eine Form des • bestimmten **Artikels** (Geschlechtsworts), • **Demonstrativpronomens** (hinweisenden Fürworts), • **Relativpronomens** (bezüglichen Fürworts).	der Mann, die Frau, *das* Kind Sagen Sie *das* bitte noch einmal. *Das* kann ich so nicht akzeptieren. Das Lexikon, *das* ich dir geliehen habe, trägt den Titel „Der Brockhaus in einem Band".
dass ist eine **Konjunktion** (ein Bindewort).	Ich glaube, *dass* Sie nun die Wörter „das" und „dass" unterscheiden können.

Die Vorsilbe **ent-** wird mit **t** geschrieben.	*ent*behren, *ent*decken, *ent*flammbar, *ent*kommen, *Ent*lassung, *Ent*scheidung
Zusammensetzungen mit und Ableitungen von **Ende** werden mit **d** geschrieben.	be*end*en, *end*gültig, *end*lich, *End*punkt, *End*silbe, *End*spiel, Wochen*end*e

Mit **f** schreibt man das Wort **fertig und alle verwandten Wörter.**	ab*f*ertigen, an*f*ertigen, *Fertigung,* schlag*f*ertig
Mit **v** schreibt man die Vorsilbe **ver-.**	*ver*geben, *ver*lieren, *ver*lassen, *ver*sagen, *ver*sprechen

fiel ist eine Vergangenheitsform des Verbs (Zeitwortes) **fallen.**	Die Gabel *fiel* auf den Boden.
viel ist ein **unbestimmtes Zahladjektiv** (Zahlwort) und bedeutet „**eine Menge".**	*viel* Ärger, *viel* Geld *viele* Probleme, *viele* Gegenstände

seit ist eine • **Präposition** (ein Verhältniswort) und • **Konjunktion** (ein Bindewort).	*Seit* dem 1. August 1998 gilt die neue deutsche Rechtschreibung. *Seit* er das Haus verlassen hat, wird er von der Polizei beobachtet.
seid ist eine konjugierte (gebeugte) Form des Verbs (Zeitworts) **sein.**	*Seid* bitte nett zueinander. *Seid* ihr gut in Regensburg angekommen?

Zusammensetzungen mit dem **Substantiv** (Hauptwort) **Tod** werden mit **d** geschrieben. Es handelt sich dabei in der Regel um **Adjektive** (Eigenschaftswörter).	*tod*blass, *tod*elend, *tod*ernst, *tod*krank, *tod*matt, *tod*müde, *tod*schick, *tod*sicher
Zusammensetzungen mit dem **Adjektiv** (Eigenschaftswort) **tot** werden mit **t** geschrieben. Es handelt sich dabei in der Regel um **Verben** (Zeitwörter).	*tot*arbeiten, *tot*fahren, *tot*lachen, *tot*schlagen, *tot*schießen, *tot*treten

wieder bedeutet „**noch einmal, erneut".**	Er kommt *wieder.* Der *Wieder*aufbau beginnt. „Recycling" heißt „*Wieder*verwertung".
wider bedeutet „**gegen, entgegen".**	Sie wird uns *wider*sprechen. Die Behauptung ist nicht *wider*legbar. Er hat seine Aussagen *wider*rufen.

Die Schreibung der Fremdwörter

Angleichung der Fremdwörter:	
Häufig verwendete Fremdwörter folgen den Regeln der **deutschen** Rechtschreibung.	Akzent (von lat. accentus), Baracke (von frz. baraque) Büro (von frz. bureau) Kabinett (von frz. cabinet) Keks (von engl. cake) Streik (von engl. strike)
Bei manchen Fremdwörtern stehen die in der Fremdsprache üblichen Schreibweisen und **eingedeutschte** Schreibungen gleichberechtigt nebeneinander.	Delphin / Delfin, Facette / Fassette, Frigidaire / Frigidär, Ginkgo / Ginko, Joghurt / Jogurt, Justitiar / Justiziar, Katarrh / Katarr, Ketchup / Ketschup, Myrrhe / Myrre, Panther / Panter
Dabei sind folgende Regeln zu beachten: • Die Verbindung **ph** kann in allen Wörtern mit den Stämmen **phon, phot** und **graph** durch **f** ersetzt werden.	Dikta*phon* / Dikta*fon* Grammo*phon* / Grammo*fon* Mega*phon* / Mega*fon* *Photographie / Fotografie* Bio*graph*ie / Bio*graf*ie Lexiko*graph*ie / Lexiko*graf*ie Ortho*graph*ie / Ortho*graf*ie
• Die französischen Endungen **é** und **ée** können in einigen Wörtern durch **ee** ersetzt werden.	Drapé / Drap*ee* Exposé / Expos*ee* Frappé / Frapp*ee* passé / pass*ee* Rommé / Romm*ee* Séparée / Separ*ee*
• Wörter mit den Endungen **-tial** und **-tiell** können mit **z** geschrieben werden, wenn **verwandte** Wörter auf **z** existieren.	differen*tial* / differen*zial* (zu: Differen*z*) essen*tiell* / essen*ziell* (zu: Essen*z*) poten*tiell* / poten*ziell* (zu: Poten*z*) substan*tiell* / substan*ziell* (zu: Substan*z*)

In Fremdwörtern aus dem Griechischen finden sich oftmals Schreibweisen mit • **ph,**	Al*ph*abet, Apostro*ph*, As*ph*alt, Katastro*ph*e, Meta*ph*er, *Ph*änomen, *Ph*iloso*ph*ie, *Ph*ysik, S*ph*äre, Stro*ph*e, Trium*ph*
• **rh,**	*Rh*etorik, *Rh*euma, *Rh*ombus, *Rh*ythmus
• **th.**	Apo*th*eke, Biblio*th*ek, Disko*th*ek, E*th*os, Leichta*th*letik, Ma*th*ematik, *Th*eater, *Th*eke, *Th*ese, *Th*ron
Eine Reihe von Fremdwörtern wird mit **y** geschrieben, obwohl **ü** gesprochen wird.	Anal*y*se, As*y*l, D*y*namit, D*y*namo, Embr*y*o, G*y*mnastik, H*y*giene, H*y*drant, Ps*y*chologie, P*y*ramide, S*y*nthese, t*y*pisch, Z*y*presse
In Fremdwörtern aus dem Französischen wird der **u**-Laut in der Regel durch **ou** wiedergegeben.	J*ou*rnal, Lim*ou*sine, part*ou*t, R*ou*tine, Ress*ou*rcen, R*ou*te, s*ou*verän, S*ou*ffleuse, S*ou*venir, S*ou*brette **Doppelformen:** N*ou*gat / N*u*gat, Brav*ou*r / Brav*u*r
Bei Fremdwörtern mit den Endungen **-and** und **-end** kommt die **passive** Bedeutung zum Ausdruck.	Examin*and* (jemand, der examiniert wird), Konfirm*and*, Rehabilit*and* Divid*end*, Promov*end*, Subtrah*end*
Bei Fremdwörtern mit den Endungen **-ant** und **-ent** kommt die **aktive** Bedeutung zum Ausdruck.	Demonstr*ant* (jemand, der demonstriert), Protokoll*ant*, Gratul*ant* Assist*ent*, Abonn*ent*, Dirig*ent*, Konkurr*ent*

Die Getrennt- und Zusammenschreibung

Grundlagen

Im Bereich **Getrennt- und Zusammenschreibung** wird die Schreibung zweier im Text aufeinander folgender Wörter geregelt. Dabei wird die **Getrenntschreibung** als Normalfall und nur die **Zusammenschreibung** als regelungsbedürftig betrachtet. Für die Getrennt- und Zusammenschreibung sind in erster Linie **formale** Kriterien ausschlaggebend. Die **Wortarten** einer Verbindung nehmen hierbei eine bedeutende Rolle ein.

Verbindungen mit einem Verb

Verbindungen aus **Verb** (Zeitwort) plus **Verb** werden immer **getrennt** geschrieben.	baden gehen, kennen lernen, liegen bleiben, sitzen bleiben, spazieren gehen, stehen lassen

Verbindungen aus **Partizip** (Mittelwort) plus **Verb** (Zeitwort) werden immer **getrennt** geschrieben.	geliehen bekommen, geschenkt bekommen, getrennt schreiben, gefangen halten, gefangen nehmen, verloren gehen

Verbindungen aus **Adjektiv** (Eigenschaftswort) und **Verb** (Zeitwort) werden **getrennt** geschrieben, wenn das Adjektiv **gesteigert** oder **erweitert** werden kann.	langsam fahren **Steigerung:** langsamer fahren **Erweiterung:** *besonders* langsam fahren
Auch die **Steigerung** mit den Wörtern **sehr** oder **ganz** führt zur Getrenntschreibung.	*sehr* langsam fahren *ganz* langsam fahren **Weitere Beispiele:** geheim halten, gut gehen, krumm nehmen, leicht fallen, nahe bringen, offen lassen, schwer fallen, (sich) zufrieden geben
Verbindungen, die **nicht** sinnvoll erweitert oder gesteigert werden können, schreibt man **zusammen**.	fernsehen (nicht: ferner sehen) hochrechnen (nicht: höher rechnen) wahrsagen (nicht: wahrer sagen)

Verbindungen, in denen das erste Wort **nicht selbstständig** existiert, werden ebenfalls **zusammengeschrieben.**	feh*l*gehen, feh*l*schlagen, fei*l*bieten, kun*d*geben, kun*d*tun, wei*s*machen
Verbindungen aus einem **Adjektiv** (Eigenschafts-wort) mit der Endung **-ig** plus **Verb** (Zeitwort) werden **getrennt** geschrieben.	freudi*g* begrüßen, ferti*g* stellen, heili*g* sprechen, übri*g* bleiben

Adverb plus Verb (Teil 1):

Verbindungen aus einem zusammengesetzten **Adverb** (Umstandswort) plus **Verb** (Zeitwort) werden in der Regel **getrennt** geschrieben.	abhande*n* kommen, beiseit*e* legen, vonstatte*n* gehen, zugut*e* halten, zunicht*e* machen, zutei*l* werden, anhei*m* fallen, fürlie*b* nehmen, überhan*d* nehmen
Bestimmte zusammengesetzte **Adverbien** (Umstandswörter) und einige weitere Partikeln werden **zusammengeschrieben.**	dagege*n*halten, entgege*n*kommen, gegenübe*r*stellen, herunte*r*gehen, hinei*n*gehen, zurech*t*rücken

Die **Zusammenschreibung** gilt auch für Verbindungen mit den folgenden ersten Bestandteilen:

ab-, an-, auf-, aus-, bei-, beisammen-, da-, dabei-, dafür-, daher-, dahin-, daneben-, dar-, d(a)ran-, d(a)rein-, da(r)nieder-, darum-, davon-, dawider-, dazu-, dazwischen-, drauf-, drauflos-, drin-, durch-, ein-, einher-, empor-, entlang-, entzwei-, fort-, gegen-, her-, herab-, heran-, herauf-, heraus-, herbei-, herein-, hernieder-, herüber-, herum-, hervor-, herzu-, hin-, hinab-, hinan-, hinauf-, hinaus-, hindurch-, hintan-, hintenüber-, hinterher-, hinüber-, hinunter-, hinweg-, hinzu-, inne-, los-, mit-, nach-, nieder-, über-, überein-, um-, umher-, umhin-, unter-, vor-, voran-, vorauf-, voraus-, vorbei-, vorher-, vorüber-, vorweg-, weg-, weiter-, wider-, wieder-, zu-, zurück-, zusammen-, zuvor-, zuwider-, zwischen-

Verbindungen aus **-einander** plus Verb (Zeitwort) werden **getrennt** geschrieben.	aneinande*r* denken, beieinande*r* sein, aneinande*r* fügen, durcheinande*r* bringen
Verbindungen aus **-wärts** plus Verb (Zeitwort) werden **getrennt geschrieben.**	abwärt*s* gehen, aufwärt*s* gehen, rückwärt*s* gehen, vorwärt*s* bringen

Verbindungen aus **Substantiv** (Hauptwort) und **Verb** (Zeitwort) werden in der Regel **getrennt** geschrieben.	Auto fahren, Feuer fangen, Rat suchen, Schlange stehen, Schild tragen, Ski laufen, Eis laufen, Kopf stehen, Rad fahren
Wenn das Substantiv (Hauptwort) dabei als verblasst oder **nicht** mehr als selbstständig angesehen wird, schreibt man **zusammen**. Dies gilt für Verbindungen mit • **heim-**, • **irre-**, • **preis-**, • **stand-**, • **statt-**, • **teil-**, • **wett-**, • **wunder-**.	heimbringen, heimfahren, heimgehen irreführen, irreleiten, irrewerden preisgeben standhalten stattfinden, stattgeben, statthaben teilhaben, teilnehmen wettmachen wundernehmen
Auch **untrennbare, feste** Verbindungen aus Substantiv (Hauptwort) und Verb (Zeitwort) werden **zusammengeschrieben**.	bauchreden, bergsteigen, bruchlanden, bruchrechnen, kopfrechnen, notlanden, punktschweißen, schutzimpfen, segelfliegen, seiltanzen, seitenschwimmen, sonnenbaden, wettlaufen, wettrennen, zwangsräumen

Verbindungen mit dem Verb (Zeitwort) **sein** werden **getrennt** geschrieben.	da sein, dabei sein, hier sein, zusammen sein, (etwas) sein lassen

Verbindungen aus Präposition (Verhältniswort) plus Substantiv

Bestimmte häufig gebrauchte Verbindungen aus **Präposition** (Verhältniswort) plus **Substantiv** (Hauptwort) können **zusammen-** oder **getrennt** geschrieben werden.	aufseiten / auf Seiten vonseiten / von Seiten mithilfe / mit Hilfe zugunsten / zu Gunsten zuungunsten / zu Ungunsten zulasten / zu Lasten außerstande / außer Stande (sein) imstande / im Stande (sein) infrage / in Frage (stellen) instand / in Stand (setzen) zugrunde / zu Grunde (gehen) zuleide / zu Leide (tun) zumute / zu Mute (sein) zurande / zu Rande (kommen) zuschanden / zu Schanden (machen) zustande / zu Stande (bringen) zutage / zu Tage (fördern) zuwege / zu Wege (bringen)

Verbindungen mit einem Partizip oder Adjektiv

Substantiv plus Partizip oder Adjektiv:	
Verbindungen aus **Substantiv** (Hauptwort) plus **Partizip** (Mittelwort) werden **zusammengeschrieben,** wenn der erste Bestandteil für eine **Wortgruppe** steht oder in dieser Form nicht selbstständig vorkommt.	bahnbrechend (sich eine Bahn brechend) freudestrahlend (vor Freude strahlend) herzerquickend (das Herz erquickend) luftgekühlt (mit Luft gekühlt) zeitabhängig (von der Zeit abhängig) schneeweiß (weiß wie Schnee) grenzüberschreitend, friedliebend, nutzbringend
Dies gilt generell bei Zusammensetzungen mit einem **Fugenelement.**	arbeitserleichternd, feuchtigkeitsspendend, altersschwach, anlehnungsbedürftig, lebensfremd; sonnenarm

Verbindungen aus **Adjektiv** (Eigenschaftswort) plus **Partizip** (Mittelwort) werden **getrennt** geschrieben.	blendend weiße (Zähne) kochend heißes (Wasser) fett gedruckte (Stellen) gut gemeinter (Rat) kurz gefasste (Definition)

Einzelfallregelungen

Verbindungen mit irgend-:	
Verbindungen mit **irgend-** werden immer **zusammengeschrieben**.	irgen*d*wann, irgen*d*wer, irgen*d*wohin, irgen*d*etwas, irgen*d*jemand

Verbindungen aus nicht plus Adjektiv:	
Verbindungen aus **nicht** plus **Adjektiv** (Eigenschaftswort) können wahlweise **zusammen-** oder **getrennt** geschrieben werden.	die nich*t*amtliche Nachricht / die nich*t* amtliche Nachricht der nich*t*berufstätige Elternteil / der nich*t* berufstätige Elternteil die nich*t*öffentliche Verhandlung / die nich*t* öffentliche Verhandlung

Verbindungen aus so / wie / zu plus Adjektiv / Adverb:	
Verbindungen aus den Wörtern **so, wie, zu** plus Adjektiv (Eigenschaftswort) oder Adverb (Umstandswort) werden **getrennt** geschrieben.	so *v*iel, so *v*iele; wie *v*iel, wie *v*iele; zu *v*iel, zu *w*enig
Ausnahmen: Die Konjunktionen (Bindewörter) **soviel** und **soweit** werden **zusammengeschrieben**.	So*v*iel / So*w*eit mir bekannt ist…

Die Schreibung mit Bindestrich

Grundlagen

In der deutschen Rechtschreibung gliedert der **Bindestrich** unübersichtliche Zusammensetzungen. Dadurch trägt er zur besseren Lesbarkeit des Textes bei.

Hinweis: Die Regeln zum Gebrauch des Ergänzungsstrichs (oder: Ergänzungsbindestrichs) werden im Abschnitt „Die Zeichensetzung" dargestellt.

Zusammensetzungen mit Einzelbuchstaben, Abkürzungen und Ziffern

Der Bindestrich steht in Zusammensetzungen mit • **Einzelbuchstaben,** • **Abkürzungen,** • **Ziffern.**	A-Dur, b-Moll, s-Laut, T-Shirt, x-beliebig Fugen-s, Dativ-e, Dehnungs-h Kfz-Papiere, Lkw-Fahrer, UV-bestrahlt Abt.-Ltr., Dipl.-Ing., Rechng.-Nr. 6-jährig, (der / die) 6-Jährige, 3-mal, 100-prozentig, 4-silbig, 3-Karäter, 2-Pfünder, 3-Tonner, 8-Zylinder
Kein Bindestrich wird gesetzt, wenn die Ziffer mit einer **Nachsilbe** verbunden ist.	*3f*ach, (das) *3f*ache, (ein) *10t*el, (ein) *68er*
Der Bindestrich steht jedoch, wenn die Ziffer und die Nachsilbe Bestandteile einer **Zusammensetzung** sind.	(die) 20er-Gruppe, (die) 61er-Bildröhre, (die) 68er-Generation
Bei Verbindungen mit dem Wort **Jahr** ist wahlweise die Schreibung **mit** oder **ohne** Bindestrich möglich.	(die) 60er-Jahre / (die) 60*er J*ahre, (in den) 80er-Jahren / (in den) 80*er J*ahren

Der Durchkopplungsbindestrich

Zusammensetzungen mit Einzelbuchstaben, Abkürzungen und Ziffern:	
Der Bindestrich steht als Durchkopplungs-bindestrich in **Zusammensetzungen** mit • **Einzelbuchstaben,** • **Abkürzungen,** • **Ziffern.**	A-Dur-Tonleiter, E-Dur-Tonleiter, S-Kurven-reich, Vitamin-C-haltig K.-o.-Schlag, UV-Strahlen-gefährdet 35-Stunden-Woche, 45-Cent-Briefmarke, 100-m-Lauf, 8-Zylinder-Motor

Zusammensetzungen mit aneinander gereihten Substantiven und substantivierten Infinitiven:	
Der Bindestrich steht als Durchkopplungs-bindestrich in **Zusammensetzungen** mit • **aneinander gereihten Substantiven** (Hauptwörtern) und • **substantivierten Infinitiven** (als Hauptwort gebrauchten Grundformen) aus mehr als zwei Bestandteilen.	Berg-und-Tal-Bahn Frage-und-Antwort-Spiel Wort-für-Wort-Übersetzung das In-Kraft-Treten zum Aus-der-Haut-Fahren sein

Weitere Anwendungsregeln

Hervorhebung einzelner Bestandteile:	
Der Bindestrich kann zur **Hervorhebung** von einzelnen Bestandteilen gesetzt werden.	be-greifen, dass-Satz, (die) Hoch-Zeit, (das) Nach-Denken, Soll-Stärke, Vor-Sätze

Gliederung unübersichtlicher Zusammensetzungen:	
Der Bindestrich kann zur Gliederung von **unüber-sichtlichen** Zusammensetzungen gesetzt werden.	Arbeiter-Unfallversicherungsgesetz, Gemeindegrundsteuer-Veranlagung, Eisenbahn-Fahrplan, Lotto-Annahmestelle

Vermeidung von Missverständnissen:	
Der Bindestrich kann zur Vermeidung von **Missverständnissen** gesetzt werden.	Drucker-Zeugnis / Druck-Erzeugnis, Musiker-Leben / Musik-Erleben

Zusammentreffen von drei gleichen Buchstaben:	
Der Bindestrich kann beim Zusammentreffen von **drei gleichen** Buchstaben gesetzt werden. Daneben ist auch die **Zusammenschreibung** des Wortes möglich.	Blatt-Trieb / Blatt*t*rieb Schiff-Fahrt / Schi*ff*fahrt Kaffee-Ernte / Kaffe*e*ernte Zoo-Orchester / Zo*o*orchester

Der Bindestrich bei mehrgliedrigen Fremdwörtern

Der Bindestrich kann bei **mehrgliedrigen Fremdwörtern** gesetzt werden, um die Übersichtlichkeit zu erhöhen. Daneben ist auch die **Zusammenschreibung** der Wörter möglich.	Black*o*ut / Black-out Count*d*own / Count-down Fee*d*back / Feed-back Hand*o*ut / Hand-out Knock*o*ut / Knock-out La*y*out / Lay-out Midlife*c*risis / Midlife-Crisis Pla*y*back / Play-back Science*f*iction / Science-Fiction Air*c*onditioning / Air-Conditioning Swimming*p*ool / Swimming-Pool
Verbindungen aus **Adjektiv** (Eigenschaftswort) und **Substantiv** (Hauptwort) können wahlweise **zusammen-** oder **getrennt** geschrieben werden.	Big*b*and / Big *B*and Big*b*usiness / Big *B*usiness Black*b*ox / Black *B*ox Comm*o*nsense / Comm*o*n *S*ense Fair*p*lay / Fair *P*lay Fast*f*ood / Fast *F*ood Grand*s*lam / Gran*d* *S*lam Happy*e*nd / Happ*y* *E*nd Hard*c*over / Har*d* *C*over Hard*r*ock / Har*d* *R*ock Hot*d*og / Ho*t* *D*og
Die Fremdwörter werden jedoch **zusammengeschrieben**, wenn der erste Bestandteil **kein** selbstständiges Wort ist.	afr*o*amerikanisch, Afr*o*look, gall*o*romanisch, Ne*o*liberalismus

Die Groß- und Kleinschreibung

Grundlagen

Im Deutschen gibt es **Großbuchstaben** und **Kleinbuchstaben**. Mit Ausnahme des **ß**, das ausschließlich als Kleinbuchstabe existiert, ist jedem Kleinbuchstaben ein Großbuchstabe zugeordnet. Die beiden Arten von Buchstaben haben im geschriebenen Text unterschiedliche Funktionen, die im Folgenden dargestellt werden.

Die Großschreibung

Die Großschreibung am Satzanfang:	
Das **erste** Wort eines selbstständigen **Satzes** wird **großgeschrieben**.	*Das* erste Wort eines selbstständigen Satzes wird großgeschrieben. *Das* Telefon fiel auf den Boden. *Warum* hast du mich nicht gefragt?
Dies gilt auch für den Beginn der **direkten** (wörtlichen) **Rede**.	Er fragte: „*Wohin* gehst du?" „*Wie* stellst du dir das vor?", sagte sie.
Ein **Apostroph** (Auslassungszeichen) oder **drei Auslassungspunkte** zu Beginn eines Satzes werden als **Satzanfang** aufgefasst.	*'s* war 'n Erlebnis wert! … doch sehen Sie selbst!

Das **erste** Wort einer **Überschrift** oder eines **Titels** wird **großgeschrieben**.	*Mein* schönster Traum (Überschrift eines Aufsatzes) *Sinn-* und sachverwandte Wörter (Buchtitel) *Ein* Fall für zwei (Titel einer Fernsehserie) *Der* Spiegel (Titel eines Wochenmagazins)

Die Großschreibung von Substantiven:	
Substantive (Hauptwörter) werden **großgeschrieben**.	*Apfel, Ball, Frau, Freiheit, Freude, Gesundheit, Kind, Liebe, Mann, Sahne*
Dies gilt auch für **Fremdwörter**.	*Computer, Linguistik, Orthographie, Psychologie, Reaktor, Tableau;* *Desktop-Publishing, Know-how, Make-up*

Substantivierte (als Hauptwörter gebrauchte) **Wörter** werden **großgeschrieben.** Die Substantivierung wird in der Regel durch einen **Begleiter** angekündigt: • **Ankündigung** durch einen **Artikel** (ein Geschlechtswort); • **Ankündigung** durch ein **Adjektiv** (Eigenschaftswort) als **Attribut** (Beifügung); • **Ankündigung** durch eine **Präposition** (ein Verhältniswort); • **Ankündigung** durch ein **Pronomen** (Fürwort) oder ein **unbestimmtes Zahladjektiv** (Zahlwort).	das *S*ingen, das *E*islaufen, das *B*lau des *H*immels, die *N*ull, ein *H*in und *H*er das kurze *Z*ögern, das langsame *S*ummen, ein heftiges *B*rummen, lautes *S*chreien beim *R*eden, im *A*llgemeinen, im *F*olgenden, vom *T*anzen, zum *L*esen dein *S*chnarchen, etwas *V*erdächtiges, jeder *B*eliebige, kein *N*achdenken

Substantivierte Verben:

Substantivierte **Verben** (Zeitwörter) werden **großgeschrieben.**	das *S*ingen, das *S*pielen, beim *T*urnen, im *G*ehen, vom *L*aufen, zum *L*achen

Substantivierte Adjektive und Partizipien:

Substantivierte **Adjektive** (Eigenschaftswörter) und **Partizipien** (Mittelwörter) werden **groß-geschrieben.** Vor ihnen stehen oftmals Wörter wie **alles, allerlei, etwas, genug, nichts, viel, wenig.**	alles *G*ute, allerlei *W*ichtiges, etwas *N*eues, genug *A*ufregendes, nichts *W*ichtiges, viel *G*esüßtes, wenig *N*ützliches
Dies gilt auch für substantivierte **Adjektive** (Eigenschaftswörter) und **Partizipien** (Mittelwörter) in festen **Redewendungen.**	den *K*ürzeren ziehen auf dem *L*aufenden bleiben auf dem *T*rockenen sitzen aus dem *V*ollen schöpfen im *D*unkeln tappen im *R*einen sein im *T*rüben fischen
Ausnahmen: Feste Verbindungen aus **Präposition** (Verhältniswort) und **Adjektiv** (Eigenschaftswort) **ohne** vorangehenden **Artikel** (Geschlechtswort) werden **kleingeschrieben.**	durch *d*ick und *d*ünn über *k*urz oder *l*ang von *f*rüh auf von *f*rüh bis *s*pät von *n*ah und *f*ern bis auf *w*eiteres ohne *w*eiteres

Auch **Adjektive** (Eigenschaftswörter) in **Paarformeln** zur Bezeichnung von Personen werden **großgeschrieben**.	*Arm* und *Reich*, *Gleich* und *Gleich*, *Groß* und *Klein*, *Jung* und *Alt*

Substantivierte Zahladjektive:

Substantivierte **Zahladjektive** (Zahlwörter) werden **großgeschrieben**.	eine *Sechs* würfeln, eine *Zwei* in Deutsch, am *Zehnten* des Monats, als *Erster* an der Reihe sein, die Rechte *Dritter* verletzen
Ausnahmen: **Alters-** und **Zeitangaben** werden **kleingeschrieben**.	*a*chtzehn (Jahre) alt werden Personen über *s*echzig um *s*echs (Uhr) anrufen

andere Wortarten:

Auch **andere** Wortarten können die Rolle eines **Substantivs** (Hauptworts) einnehmen. Diese Wörter werden ebenfalls **großgeschrieben**. Dies betrifft	
• substantivierte **Adverbien** (Umstandswörter);	das *Auf* und *Nieder*, das *Drum* und *Dran*, das *Hin* und *Her*, das *Ja* und *Nein*
• substantivierte **Präpositionen** (Verhältniswörter) und **Konjunktionen** (Bindewörter);	das *Für* und *Wider*, das *Wenn* und *Aber*, das *Als-ob*, das *Entweder-oder*
• substantivierte **Interjektionen** (Empfindungswörter).	das *Bimbam*, das *Oh*, das *Töfftöff*, das *Wauwau*, das *Weh* und *Ach*

Die Großschreibung des Anredepronomens:	
Das **Anredepronomen** (Anredefürwort) **Sie** sowie die davon abgeleiteten Formen **Ihre, Ihnen** usw. werden **großgeschrieben**.	Ich danke *I*hnen herzlich für *I*hr Schreiben und freue mich, dass *S*ie uns bald besuchen werden.
Die **Anredepronomen** (Anredefürwörter) **du** und **ihr** sowie die davon abgeleiteten Formen **dein** und **euer** werden **kleingeschrieben**.	Ich danke *d*ir herzlich für *d*ein Schreiben und freue mich, dass *d*u uns bald besuchen wirst. Über *e*ure Worte habe ich lange nachgedacht.

Die Großschreibung von Eigennamen:

Eigennamen werden **großgeschrieben**.

Dies betrifft
- **Personennamen,**

  Heinrich Heine, Konrad Duden, Johann Wolfgang von Goethe

- **geographische Namen** von Erdteilen, Ländern, Regionen, Städten, Straßen, Landschaften, Meeren, Seen, Flüssen und Bergen,

  Europa, Deutschland, Nordrhein-Westfalen, München, Mannheimer Straße, Bayerischer Wald, Schwarzes Meer, Donau, Zugspitze

- **Sternbilder** und **Himmelskörper,**

  Mars, Saturn, Orion, Kleiner Bär, Großer Wagen

- Namen von **Institutionen, Behörden, Parteien, Firmen** usw.,

  Deutscher Bundestag, Vereinte Nationen, Deutsche Post

- **historische Ereignisse,**

  die Französische Revolution, der Westfälische Friede

- **Titel und Ehrenbezeichnungen.**

  der Heilige Vater, der Regierende Bürgermeister (von Berlin)

Personennamen:

Die zu einem Personennamen gehörenden
- **Adjektive** (Eigenschaftswörter) und **Partizipien** (Mittelwörter),

  der Alte Fritz, Katharina die Große Albrecht der Entartete

- **Pronomen** (Fürwörter),

  Unsere Liebe Frau (Maria als Mutter Gottes)

- **Zahladjektive** (Zahlwörter)

  Elisabeth die Zweite, Karl der Achte, Ludwig der Erste

werden ebenfalls **großgeschrieben**.

Von Personennamen abgeleitete **Adjektive** (Eigenschaftswörter) werden dagegen in der Regel **kleingeschrieben**.

einsteinsche Relativitätstheorie
freudsche Fehlleistung
grimmsche Märchen
luthersche Bibelübersetzung
ohmsches Gesetz

Zur Hervorhebung des Personennamens ist es auch möglich, den Namensteil **großzuschreiben** und ihn durch einen **Apostroph** (Auslassungszeichen) von der Endung abzutrennen.

Einstein'sche Relativitätstheorie
Freud'sche Fehlleistung
Grimm'sche Märchen
Luther'sche Bibelübersetzung
Ohm'sches Gesetz

geographische Namen:	
Die zu einem geographischen Namen gehörenden **Adjektive** (Eigenschaftswörter) und **Partizipien** (Mittelwörter) werden **großgeschrieben**.	der *B*ayerische *W*ald, das *R*ote Meer, der *I*ndische Ozean, der *S*tille Ozean, das Kap der *G*uten Hoffnung die *V*ereinigten Staaten von Amerika
Von geographischen Namen abgeleitete Wörter auf **-er** werden ausnahmslos **großgeschrieben**.	der *H*amburger Hafen, der *S*chweizer Käse, das *W*iener Schnitzel
Von geographischen Namen abgeleitete Wörter auf **-isch** werden **kleingeschrieben**, wenn sie **nicht** Teil eines Eigennamens sind.	der *b*adische Wein, der *h*olländische Käse, der *i*ndische Tee, das *r*ussische Roulette **aber:** die *M*ecklenburgische Seenplatte

Die Kleinschreibung

Die Kleinschreibung der Wörter, die keine Substantive sind:

Alle Wörter, die **keine** Substantive sind, werden **kleingeschrieben**.	
Dies betrifft	
• **Verben** (Zeitwörter),	*backen, gehen, laufen, singen, tanzen*
• **Adjektive** (Eigenschaftswörter) und **Partizipien** (Mittelwörter),	*alt, jung, klein, nett, schnell, schön* *laufend, winkend; gehört, geschrieben*
• **Artikel** (Geschlechtswörter),	*der, die, das, ein, eine*
• **Pronomen** (Fürwörter),	*ich, du, er, sie, es, mein, dein, euer*
• **Adverbien** (Umstandswörter),	*gestern, heute, leider, gern, sehr, sofort*
• **Präpositionen** (Verhältniswörter),	*an, auf, aus, bei, wegen, weil, seitens, trotz*
• **Konjunktionen** (Bindewörter),	*aber, doch, nur, oder, trotzdem, und*
• **Interjektionen** (Empfindungswörter).	*au, autsch, ha, huch, muh, oh, pfui*

Die Kleinschreibung von Desubstantivierungen:

Substantive, die in eine **andere Wortart** übergetreten sind, werden **kleingeschrieben**.	
Dabei kann es sich um	
• **Adverbien** (Umstandswörter),	*abends, mittags, morgens, montags, anfangs,* *flugs, rechtens, teils, willens*
• **Präpositionen** (Verhältniswörter) und	*dank, kraft, laut, statt, trotz, seitens*
• **unbestimmte Pronomen** (Fürwörter)	ein *bisschen,* ein *paar (einige)* **aber:** ein *Paar* (zwei zusammengehörende) Socken
handeln.	
Auch die Wörter **angst, bange, gram, leid, pleite** und **schuld** werden in Verbindung mit den Verben (Zeitwörtern) **sein** oder **werden** **kleingeschrieben**.	Mir ist *angst* und *bange.* Er ist mir *gram.* Ich bin das alles *leid.* Das Unternehmen ist *pleite.* Daran ist sie *schuld.* **aber:** (jemandem) *Angst* und *Bange* machen *Pleite* gehen (jemandem) *Schuld* geben

Die aus **Substantiven** (Hauptwörtern) entstandenen **Verbzusätze** werden auch in getrennter Wortstellung **kleingeschrieben.**	preisgeben – (er) gibt *preis* teilnehmen – (er) nimmt *teil* wundernehmen – (er) nimmt *wunder*

Die Kleinschreibung von allein stehenden Adjektiven und Pronomen:

Allein stehende • **Adjektive** (Eigenschaftswörter) oder **Partizipien** (Mittelwörter) und • **Pronomen** (Fürwörter) werden **kleingeschrieben,** wenn ein vorher oder nachher genanntes **Substantiv** (Hauptwort) ergänzt werden kann.	Die neue Rechtschreibung ist leichter zu erlernen als die *alte.* Frisches Obst hat mehr Vitamine als *gekochtes.* Sein Stuhl stand unmittelbar neben dem *meinen.*

Die Kleinschreibung des Superlativs:

Der **Superlativ** (die Höchststufe) mit **am** wird **kleingeschrieben,** wenn man mit **wie** danach fragen kann. Der **Superlativ** (die Höchststufe) mit **aufs** kann wahlweise **klein-** oder **großgeschrieben** werden.	Diese Fremdsprache ist am *schwiegsten* zu erlernen. aufs *beste* / Beste regeln, (jemanden) aufs *herzlichste* / Herzlichste begrüßen

Die Kleinschreibung der Pronomen, die die Rolle eines Substantivs einnehmen:

Pronomen (Fürwörter) werden auch **kleingeschrieben,** wenn sie die Rolle eines Substantivs (Hauptworts) einnehmen.	Sie hat *alles* vorbereitet. Das sollen die *beiden* klären. Auch diese Erfahrung sollte *jeder* gemacht haben. In dieser Sache hat schon *mancher* einen Fehler begangen.

Die Kleinschreibung der Wörter ein, andere, viel und wenig:	
Die Wörter **ein, andere, viel** und **wenig** werden in allen Beugeformen im Allgemeinen **kleingeschrieben.**	Die *e*inen singen, die *a*nderen tanzen. An der Konferenz nahmen *v*iele teil. Nur *w*enige waren mit dem Inhalt zufrieden.

Die Kleinschreibung von Adverbien als Zeitangabe:	
Adverbien (Umstandswörter) werden **kleingeschrieben**, wenn sie als **Zeitangabe** verwendet werden.	*v*orgestern, *g*estern, *h*eute, *m*orgen, *ü*bermorgen *f*rüh, *m*ittags, *a*bends, *n*achts
Tageszeiten nach den Adverbien (Umstandswörtern) **vorgestern, gestern, heute, morgen** und **übermorgen** werden dagegen **großgeschrieben.**	vorgestern *A*bend, gestern *N*acht, heute *M*orgen, morgen *V*ormittag, übermorgen *N*achmittag
Ausnahme: Das Adverb (Umstandswort) **früh** kann nach den genannten Wörtern **klein-** oder **großgeschrieben** werden.	gestern *f*rüh / *F*rüh, morgen *f*rüh / *F*rüh

Die Zeichensetzung

Grundlagen

Die **Satzzeichen** gliedern den Text, machen ihn übersichtlich und zeigen Pausen für das Vorlesen an. Außerdem sind die Satzzeichen ein Mittel der **stilistischen Gestaltung:** Mit ihnen kann der Schreibende auch Hervorhebungen, besondere Aussageabsichten und Nuancierungen zum Ausdruck bringen.

Im Deutschen werden folgende Satzzeichen verwendet:
- **Punkt,**
- **Ausrufezeichen,**
- **Fragezeichen,**
- **Komma,**
- **Semikolon** (Strichpunkt),
- **Doppelpunkt,**
- **Gedankenstrich,**
- **Klammern,**
- **Anführungszeichen.**

Daneben gibt es noch so genannte Wortzeichen, die zur Markierung von Auslassungen dienen:
- **Apostroph** (Auslassungszeichen) und
- **Ergänzungsstrich** (Ergänzungsbindestrich).

Der Punkt

Der Punkt als Schlusszeichen:	
Der Punkt steht nach einem **Aussagesatz.**	Ich lese dieses Buch mit großem Interesse. Die Satzzeichen gliedern den Text. Der Stift liegt auf dem Tisch. Kann schon sein. Danke, gut.

Der Punkt steht **nicht** nach **frei stehenden** Zeilen.	
Innerhalb eines Briefes:	
Kein Punkt steht nach der • **Datumsangabe,**	Regensburg, 1. Oktober 2003
• **Anschrift,**	Bibliographisches Institut & F. A. Brockhaus AG Postfach 10 03 11 68003 Mannheim
• **Betreffzeile,**	Ihr Schreiben vom 20. Juli 2003
• **Grußformel,**	Mit freundlichen Grüßen
• **Unterschrift.**	Hans Meier
Überschriften, Zeitungs- und Buchtitel:	
Kein Punkt steht nach • **Überschriften,**	Vorteile und Gefahren der Medien
• **Zeitungs- und Buchtiteln.**	Süddeutsche Zeitung Duden – Die deutsche Rechtschreibung
Abschnittsgliederungen und Aufzählungen:	
Kein Punkt steht bei • **Abschnittsgliederungen** und	1 Einleitung 2 Die Laut-Buchstaben-Zuordnungen 2.1 Der Laut 2.1.1 Allgemeines …
• zeilenweise abgesetzten **Aufzählungen.**	Teilbereiche der deutschen Rechtschreibung: – Die Laut-Buchstaben-Zuordnungen – Die Getrennt- und Zusammenschreibung – Die Schreibung mit Bindestrich – Die Groß- und Kleinschreibung – Die Zeichensetzung – Die Worttrennung am Zeilenende

Der Punkt nach Abkürzungen:

Der Punkt steht nach Abkürzungen, die im **vollen Wortlaut** ausgesprochen werden.	Abb. (Abbildung), ca. (circa), Nr. (Nummer), od. (oder), ppa. (per procura), Str. (Straße)
Kein Punkt steht nach Abkürzungen, die als **solche** ausgesprochen werden.	AG (Aktiengesellschaft), BGB (Bürgerliches Gesetzbuch), BRD (Bundesrepublik Deutschland), GmbH (Gesellschaft mit beschränkter Haftung)
Kein Punkt steht nach **Maßeinheiten** und **Himmelsrichtungen**.	cm (Zentimeter), g (Gramm), km (Kilometer), l (Liter); N (Norden), SO (Südosten)
Wenn **Abkürzungs-** und **Schlusspunkt** aufeinander treffen, ist nur **ein** Punkt am Ende zu setzen. Bei Abkürzungen **ohne** Punkt ist am Satzende ein **Satzschlusspunkt** zu setzen.	Roman Herzog ist Bundespräsident a. D. Er beschäftigt sich mit der Orthographie, Grammatik, Stilistik usw. Das Kfz-Kennzeichen von München ist M. Sie wohnt in den USA.

Der Punkt nach Ordinalzahlen:

Der Punkt steht nach **Ordinalzahlen** (Ordnungszahlen).	Freitag, 1. 8. 2003, König Ludwig II., 4. Stockwerk, 3. Etage

Die Auslassungspunkte:

Drei Auslassungspunkte stehen, wenn eine **Rede abgebrochen** oder ein **Gedankenabschluss verschwiegen** wird.	Es ist wohl ratsam, wenn du … Wer einmal lügt … Das Substantiv beginnt mit H…
Drei Auslassungspunkte stehen, wenn ein **zitierter** Text **unvollständig** wiedergegeben wird.	Drei Auslassungspunkte stehen, wenn ein … Text unvollständig wiedergegeben wird.

Das Ausrufezeichen

Das Ausrufezeichen nach Sätzen:	
Das Ausrufezeichen steht nach **Ausrufen, Aufforderungen, Befehlen, Wünschen, Bitten** und **Warnungen**.	Viel Spaß! Toll! Herzlichen Glückwunsch! Kommen Sie doch endlich! Lesen Sie bitte weiter! Vorsicht, ein Auto!
Nach einer Aufforderung steht ein **Punkt**, wenn mit ihr **kein besonderer Nachdruck** verbunden ist.	Ergänzen Sie die fehlenden Satzzeichen. Vergleiche Abschnitt 2. Siehe Seite 10.

Das Ausrufezeichen nach Interjektionen:	
Das Ausrufezeichen steht nach **Interjektionen** (Empfindungswörtern).	Ah! Au! Bäh! Brr! Buh! Pfui! Pst!

Das Ausrufezeichen in Briefen:	
Das Ausrufezeichen kann anstelle des Kommas nach der **Briefanrede** stehen.	Sehr geehrte Damen und Herren! Herzlichen Dank für Ihren Brief…

Das eingeklammerte Ausrufezeichen:	
Das eingeklammerte Ausrufezeichen steht nach Aussagen, die einen **Zweifel** oder eine **besondere Hervorhebung** ausdrücken.	Die deutsche Einheitsorthographie besteht seit über 100 (!) Jahren. Es gibt ein eingeklammertes (!) Satzzeichen.

Das Fragezeichen

Das Fragezeichen nach Sätzen:	
Das Fragezeichen steht nach **Fragen**.	Wie spät ist es? Hast du heute Abend Zeit? Gehst du morgen mit mir ins Theater?

Das Fragezeichen nach Fragewörtern:	
Das Fragezeichen steht nach **Fragewörtern**.	Wer? Wessen? Wem? Wen? Auf die Frage „Wessen?" folgt der Genitiv.

Das eingeklammerte Fragezeichen:	
Das eingeklammerte Fragezeichen steht nach **unglaubwürdigen** oder **unbewiesenen** Aussagen.	Diese interessante (?) Lektüre werde ich ihm zum Geburtstag schenken.

Das Komma

Das Komma bei der Aufzählung:	
Das Komma trennt die Teile einer **Aufzählung**.	Die Bundesrepublik Deutschland besteht aus folgenden Bundesländern: Baden-Württemberg, Bayern, Berlin, Brandenburg, Bremen, Hamburg, Hessen, Mecklenburg-Vorpommern, Niedersachsen, Nordrhein-Westfalen, Rheinland-Pfalz, Saarland, Sachsen, Sachsen-Anhalt, Schleswig-Holstein, Thüringen.
Kein Komma steht, wenn die Teile einer Aufzählung durch • **und,** • **oder,** • **sowie,** • **entweder – oder,** • **sowohl – als auch,** • **weder – noch** verbunden sind.	Sie hat Fleisch *und* Wurst eingekauft. Es wurde darüber verhandelt, ob Bonn *oder* Berlin die Hauptstadt werden sollte. An der Veranstaltung nahmen Kinder *sowie* Jugendliche teil. Heute gehe ich *entweder* in die Stadt *oder* in das Schwimmbad. Wir verbrachten den Urlaub *sowohl* in Frankreich *als auch* in Spanien. Er wird *weder* heute *noch* morgen kommen.
Das Komma in Briefen:	
Das Komma steht nach der **Briefanrede**. Anstelle des Kommas kann auch ein Ausrufezeichen gesetzt werden.	Sehr geehrte Damen und Herren, herzlichen Dank für Ihren Brief…

Das Komma bei Appositionen:

Die **Apposition** (der Beisatz) wird in Kommas eingeschlossen.	Konrad Duden, der Vater der deutschen Einheitsorthographie, wurde am 3.1.1829 auf Gut Bossigt bei Wesel geboren.

Das Komma bei Konjunktionen:

Das Komma steht zwischen **Satzteilen,** die durch **Konjunktionen** (Bindewörter) miteinander verbunden sind.	Er möchte gerne eine Fremdsprache lernen, aber nicht seine Zeit dafür opfern. Sie geht heute in die Stadt, jedoch erst am Abend. Der Schüler macht seine Hausaufgaben teils selbst, teils mit Hilfe seines Vaters.

Das Komma bei Infinitiv- und Partizipgruppen:

Bei **Infinitiv-** und **Partizipgruppen** (Gruppen der Grundform und des Mittelworts) muss in der Regel **kein** Komma gesetzt werden. Das Komma **kann** stehen, um die **Gliederung** des Satzes zu verdeutlichen oder etwaigen **Miss-verständnissen** vorzubeugen.	Er versucht (,) die Sache zu klären. Sie erklärte sich bereit (,) den Vorfall zu bereinigen. Durch eine Tasse Kaffee gestärkt (,) werden wir unsere Aufgabe fortsetzen.
In drei Fällen **muss** jedoch ein Komma stehen: • Die Infinitiv- oder Partizipgruppe wird durch ein **hinweisendes** Wort **angekündigt**. • Die Infinitiv- oder Partizipgruppe wird durch ein **hinweisendes** Wort **wieder aufgenommen**. • Die Infinitiv- oder Partizipgruppe fällt aus dem **üblichen Satzbau** heraus.	Wichtig ist es, sich mit den Regeln auseinander zu setzen. Diese Sprache zu erlernen, das war ihr großer Wunsch. Der Mann, ohne sich über die Folgen im Klaren zu sein, hatte zugeschlagen.

Das Komma zwischen Hauptsätzen:

Das Komma steht zwischen **Hauptsätzen**.	Andrea liest Zeitung, Johannes spielt Gitarre. Thomas spielt im Garten, sein Vater repariert das Auto.

Das Komma zwischen Haupt- und Gliedsatz:	
Das Komma steht zwischen **Haupt-** und **Gliedsatz** (Nebensatz). Der Gliedsatz kann dabei • zu **Beginn**, • in der **Mitte**, • am **Ende** stehen.	Dass das Auto seinen Zweck erfüllen wird, glaube ich. Das Buch, das ich mir heute gekauft habe, wurde erst kürzlich veröffentlicht. Ich glaube, dass das Auto seinen Zweck erfüllen wird.
Das Komma zwischen Gliedsätzen:	
Das Komma steht zwischen **Gliedsätzen** (Nebensätzen).	Der Lehrer erwartet, dass der Schüler die Aufgabe erledigt, die er bekommen hat.

Das Semikolon (der Strichpunkt)

Das Semikolon bei Aufzählungen:	
Das Semikolon grenzt bei längeren Aufzählungen die einzelnen **Sinneinheiten** voneinander ab.	Die Physik beschäftigt sich u.a. mit Arbeit, Leistung, Energie; Schwingungen, Wellen; Lichtquellen, Lichtstärken, Lichtgeschwindigkeiten.
Das Semikolon in Sätzen:	
Das Semikolon steht zwischen längeren Sätzen, die inhaltlich **eng** miteinander verbunden sind.	Das Semikolon ersetzt den Punkt, wenn dieser zu stark trennt; es ersetzt das Komma, wenn dieses zu schwach trennt.

Der Doppelpunkt

Der Doppelpunkt steht vor der **direkten** (wörtlichen) Rede.	Der Abteilungsleiter sagte: „Wir werden das Projekt gleich in Angriff nehmen."

Der Doppelpunkt steht vor **Zitaten.**	Friedrich von Schiller schrieb: „Was ist die Mehrheit? Mehrheit ist der Unsinn; Verstand ist stets bei wen'gen nur gewesen."

Der Doppelpunkt vor Aufzählungen:	
Der Doppelpunkt steht vor **Aufzählungen,** wenn diese angekündigt werden.	In der deutschen Grammatik unterscheidet man verschiedene Wortarten: Substantiv, Verb, Adjektiv, Artikel, Pronomen…
Kein Doppelpunkt steht jedoch, wenn die Aufzählung durch **nämlich, das heißt, das ist** oder **zum Beispiel** eingeleitet wird.	In der deutschen Grammatik unterscheidet man verschiedene Wortarten, zum Beispiel Substantiv, Verb, Adjektiv, Artikel, Pronomen.

Der Doppelpunkt vor Satzstücken und Einzelwörtern:	
Der Doppelpunkt steht vor **Satzstücken** und **Einzelwörtern,** wenn diese angekündigt werden.	Beginn: 20:00 Uhr Verfasser: Johann Wolfgang von Goethe

Der Doppelpunkt vor Zusammenfassungen und Folgerungen:	
Der Doppelpunkt kündigt **Zusammenfassungen** und **Folgerungen** an.	Wir halten fest: Der Doppelpunkt kündigt Zusammenfassungen und Folgerungen an.

Der Gedankenstrich

Der Gedankenstrich kennzeichnet einen Wechsel:	
Der Gedankenstrich kennzeichnet einen **Gedanken-** oder **Sprecherwechsel.**	Leider können wir Ihnen in dieser Sache nicht behilflich sein. – Wir müssen unsere Konsequenzen ziehen. „Bist du zu Hause?" – „Ja, ich komme!"
Der Gedankenstrich kennzeichnet Stichwörter:	
Der Gedankenstrich kennzeichnet die **Stichwörter** in Inhaltsangaben.	Satzzeichen: Punkt – Ausrufezeichen – Fragezeichen – Komma – Semikolon – Doppelpunkt – Gedankenstrich – Klammern – Anführungszeichen

Der Gedankenstrich steht bei • **Kommandos,** • **etwas Unerwartetem,** • **Gegenüberstellungen,** • **Redeabbrüchen.**	Auf die Plätze – fertig – los! Plötzlich – der Mann tauchte wieder auf! alt – neu, hässlich – schön „Jetzt fahrn wir übern See, übern See, jetzt fahrn wir übern –"

Der Gedankenstrich steht vor und nach **Einschüben**, die das Gesagte näher erläutern. Das zum umgebenden Text gehörende Satzzeichen darf dabei nicht weggelassen werden.	Wir glauben – und hier sind wir mit Sicherheit nicht allein der Ansicht –, dass das jetzige Steuersystem verändert werden muss.

Die Klammern

Erläuterungen in Klammern:	
Erläuterungen zu Wörtern oder Sätzen stehen im Allgemeinen in runden Klammern.	Die Zeichensetzung (Interpunktion) kannte man bereits in der Antike.
Eingeschobene Sätze in Klammern:	
Eingeschobene Sätze, die **ohne** Nachdruck gesprochen werden, stehen im Allgemeinen in runden Klammern.	Der Duden (er liegt jetzt in der 22., neu bearbeiteten Auflage vor) wird von vielen als Volkswörterbuch angesehen.

Die Klammern in der Klammer:	
Eckige Klammern können bei Wörtern und Sätzen stehen, die bereits in **runde** Klammern gesetzt sind.	Die UNO (United Nations Organization [Organisation der Vereinten Nationen]) wurde 1945 gegründet.
Anmerkungen des Schreibenden:	
Eckige Klammern können bei **Anmerkungen** stehen, die der **Schreibende** zum fortlaufenden Text vornimmt.	„Die Zeichensetzung [auch Interpunktion genannt] kannte man bereits in der Antike."
Auslassung von Buchstaben:	
Eckige Klammern können bei **Buchstaben** u. dgl. stehen, die **ausgelassen** werden können.	Vokalverdopp[e]lung, Vorstellung[skraft]

Die Anführungszeichen

Die Anführungszeichen bei der direkten Rede:

Die Anführungszeichen stehen bei der **direkten** (wörtlichen) Rede. Der Begleitsatz kann dabei • **vor** dem Redesatz, • **nach** dem Redesatz, • **zwischen** den Teilen des Redesatzes stehen.	Er sagte: „Ich muss in den Keller." Sie fragte: „Was machst du da?" Er erwiderte: „Rate doch mal!" „Ich muss in den Keller", sagte er. „Was machst du da?", fragte sie. „Rate doch mal!", erwiderte er. „Am Nachmittag", sagte er, „muss ich zur Arbeit."

Die Anführungszeichen bei Zitaten:

Die Anführungszeichen stehen bei **Zitaten**.	„Die Anführungszeichen", so heißt es in dieser Broschüre, „stehen bei Zitaten."

Die Anführungszeichen bei der Hervorhebung von Wörtern:

Die Anführungszeichen stehen bei der **Hervorhebung** von **Wörtern**.	Das Wort „behände" wird mit ä geschrieben. Die „Frankfurter Allgemeine Zeitung" ist eine bekannte Tageszeitung. Dies ist ja ein „tolles" Geschenk!

Halbe Anführungszeichen:

Halbe Anführungszeichen stehen, wenn innerhalb eines bereits **mit Anführungszeichen versehenen Satzstückes** oder **Satzes** eine direkte (wörtliche) Rede, ein Titel, ein Zitat oder eine andere Hervorhebung kenntlich gemacht werden soll.	Der Arbeitskollege fragt: „Hast du diesen Artikel in der ‚Frankfurter Allgemeinen Zeitung' schon gelesen?" „Kennst du die ‚Wünschelrute' von Eichendorff?", erkundigte sich der Lehrer.

Der Apostroph (das Auslassungszeichen)

Auslassungen:	
Der Apostroph zeigt das **Fehlen** eines oder mehrerer Buchstaben in einem Wort an. Dabei wird der Apostroph gesetzt, wenn die verkürzten Formen sonst **schwer lesbar** oder **missverständlich** wären.	's war 'n tolles Erlebnis! 'ne ganz nette Geschichte! die heil'ge Erde Bist du's etwa? D'dorf (= Düsseldorf) Ku'damm (= Kurfürstendamm) M'gladbach (= Mönchengladbach)
Kein Apostroph steht • für das entfallene **Schluss-e** in bestimmten Formen des **Verbs** (Zeitworts);	Ich komm vorbei. Das hör ich gern!

• für das entfallene **Schluss-e** in Nebenformen eines **Substantivs** (Hauptworts) oder **Adjektivs** (Eigenschaftsworts);
• in allgemein gebräuchlichen **Verschmelzungen** von **Präposition** (Verhältniswort) und den **Artikeln** (Geschlechtswörtern)
    – **das,**
    – **dem,**
    – **den.**
	Bursch (für: Bursche)
	trüb (für: trübe)
	
	ans (an das), aufs (auf das), fürs (für das)
	beim (bei dem), hinterm (hinter dem)
	hintern (hinter den), übern (über den)

Namen:	
Der Apostroph kennzeichnet den **Genitiv** (Wesfall) von Namen, die auf **s, ss, ß, tz, z** oder **x** enden.	Claudius' Gedichte, Grass' Blechtrommel, Voß' Übersetzungen, Ringelnatz' Gedichte, Leibniz' Philosophie, Marx' Lehre
Gelegentlich wird der Apostroph vor dem Genitiv-s (Wesfall-s) zur Verdeutlichung der **Grundform** eines **Personennamens** gesetzt.	Andrea's Imbissstube Manfred's Schnellgerichte

Der Ergänzungsstrich (Ergänzungsbindestrich)

Der Ergänzungsstrich steht, wenn in **mehreren** Wörtern ein **gleicher** Bestandteil ausgelassen wurde. Die Auslassung kann	
• den **letzten** Bestandteil,	Hin- und Rückfahrt, An- und Verkauf, Ein- und Auszahlung, Vor- und Nachteile
• den **ersten** Bestandteil,	Paketannahme und -ausgabe, Kriegsbefürworter und -gegner
• den **letzten und ersten** Bestandteil	Warenimport- und -exportgeschäfte, Eisenbahnüber- und -unterführungen
betreffen.	

Die Worttrennung am Zeilenende

Grundlagen

Am Zeilenende können Wörter **getrennt** werden, wenn der Platz für das gesamte Wort nicht ausreichend ist. Dabei dienen die Regeln für die **Worttrennung am Zeilenende** (Silbentrennung) dazu, die Wörter so zu trennen, dass die **Lesbarkeit** möglichst nicht beeinträchtigt wird.

Die Grundlage für die Worttrennung bildet die **gesprochene** Sprache. So wird bei der Trennung eines Wortes möglichst nach **Sprechsilben** getrennt. Diese Trennstellen ergeben sich bei der langsamen Aussprache eines Wortes.

Als Trennungszeichen wird heute in der Regel ein einfacher Bindestrich verwendet. Wenn am Zeilenende ein Bindestrich steht, gilt dieser zugleich als Trennungsstrich.

Die Trennung von einheimischen Wörtern

Einfache, nicht zusammengesetzte Wörter:	
Einfache, nicht zusammengesetzte Wörter werden nach **Sprechsilben** getrennt.	Er-de, kle-ben, Kun-de, Lam-pe, ren-nen, Se-gel, se-hen, Sei-te, Ses-sel, Vo-gel
Ein **einzelner** Konsonant (Mitlaut) wird immer auf die **neue** Zeile gesetzt.	Ha-se, le-gen, Ru-te, schla-fen, sie-ben
Bei mehreren Konsonanten (Mitlauten) wird der **letzte** auf die **neue** Zeile gesetzt.	es-sen, fan-gen, Schif-fe, set-zen, tan-zen, Fens-ter, Kis-te, meis-tens, rann-te
Die Buchstabenverbindungen **ch, sch** und **ck** gelten als ein Laut und werden daher **nicht** getrennt.	Brü-che, Dra-chen, Ka-chel, la-chen Bö-schung, Fla-sche, na-schen, Ta-sche Bä-cker, De-cke, Mü-cke, Rü-cken, Zu-cker
Ein **einzelner** Vokal (Selbstlaut) am **Wortanfang** kann abgetrennt werden.	a-ber, A-bend, A-del, o-ben, O-fen, ü-ber
Zwei gleiche Vokale, die eine Klangeinheit bilden, und **Diphthonge** (Doppellaute) dürfen nur zusammen abgetrennt werden.	Aa-le, Waa-ge; Ei-er, Ei-mer, Eu-le, Eu-ter

Zusammengesetzte Wörter:	
Zusammengesetzte Wörter werden in der Regel nach ihren **sprachlichen Bestandteilen** getrennt.	Diens-tag, Gar-ten-lau-be, Haus-tür, Le-se-zei-chen, Mut-ter-tag, Wand-ta-fel
Dies gilt auch für Wörter mit einer **Vorsilbe**.	aus-ge-hen, be-pflan-zen, durch-ge-hen, ein-ho-len, um-kom-men, vor-füh-ren
Wörter, die **nicht** mehr als **Zusammensetzungen** erkannt werden, können auch nach **Sprechsilben** getrennt werden.	dar-um / da-rum, dar-un-ter / da-run-ter, ein-an-der / ei-nan-der, her-an / he-ran, hin-auf / hi-nauf, war-um / wa-rum

Die Trennung von Fremdwörtern

Einfache, nicht zusammengesetzte Fremdwörter:	
Einfache, nicht zusammengesetzte Fremdwörter werden ebenfalls nach **Sprechsilben** getrennt.	Bal-kon, Ho-tel, Na-ti-o-nen, Or-ga-nis-mus, prä-mie-ren, Tro-pen
In Fremdwörtern können die folgenden Buchstabengruppen ungetrennt bleiben oder getrennt werden: • **bl – cl – fl – gl – kl – pl – phl,** • **gn – kn,** • **br – cr – dr – fr – gr – kr – pr – phr – str – tr – thr – vr.**	mö-bliert / möb-liert, Zy-klus / Zyk-lus Ma-gnet / Mag-net, py-knisch / pyk-nisch Fe-bru-ar / Feb-ru-ar, Hy-drant / Hyd-rant, Qua-drat / Quad-rat, neu-tral / neut-ral

Zusammengesetzte Fremdwörter:	
Fremdwörter, die **nicht** mehr als Zusammensetzungen erkannt werden, können nach ihren **Wortbestandteilen** oder nach **Sprechsilben** getrennt werden.	Chir-urg / Chi-rurg He-li-ko-pter / He-li-kop-ter Lin-ole-um / Li-no-le-um Päd-ago-gik / Pä-da-go-gik par-al-lel / pa-ral-lel

Grammatische Fachbegriffe

Adjektiv	Eigenschaftswort, Wiewort
Adverb	Umstandswort
Apostroph	Auslassungszeichen
Apposition	Beisatz
Artikel	Geschlechtswort, Begleiter
Attribut	Beifügung
Demonstrativ-pronomen	hinweisendes Fürwort
Diphthong	Doppellaut, Zwielaut
Genitiv	Wesfall, zweiter Fall
Gliedsatz	Nebensatz
Infinitiv	Grundform, Nennform
Interjektion	Empfindungswort, Ausrufewort
konjugieren	beugen
Konjunktion	Bindewort
Konsonant	Mitlaut
Ordinalzahl	Ordnungszahl
Partizip	Mittelwort
Präposition	Verhältniswort
Pronomen	Fürwort
Relativpronomen	bezügliches Fürwort
Semikolon	Strichpunkt
Substantiv	Hauptwort, Namenwort, Dingwort
Superlativ	Höchststufe, zweite Steigerungsstufe
Verb	Zeitwort, Tätigkeitswort, Tunwort
Vokal	Selbstlaut
Zahladjektiv	Zahlwort

Literaturhinweise

Nachschlagewerke

Duden – Die deutsche Rechtschreibung (= Der Duden in zwölf Bänden; Band 1),
   22. Auflage, Mannheim (Dudenverlag) 2000; ISBN 3-411-04012-2
Der kleine Duden – Deutsches Wörterbuch, 5. Auflage, Mannheim (Dudenverlag)
   2001; ISBN 3-411-04665-1
Duden – Kompaktwörterbuch deutsche Rechtschreibung, Mannheim (Dudenverlag)
   2002; ISBN 3-411-70571-x
Schülerduden – Rechtschreibung und Wortkunde, 6. Auflage, Mannheim (Dudenverlag)
   2001; ISBN 3-411-04216-8 (gebunden), ISBN 3-411-05176-8 (kartoniert)

Rechtschreibprüfprogramme

Duden Korrektor 2.0, Mannheim (Dudenverlag) 2002; ISBN 3-411-06956-2
Duden Korrektor PLUS 2.0, Mannheim (Dudenverlag) 2003; ISBN 3-411-06957-0

Übungsbücher

Schülerduden – Übungen zur deutschen Rechtschreibung I, 3. Auflage, Mannheim
   (Dudenverlag) 1997; ISBN 3-411-05243-0
Schülerduden – Übungen zur deutschen Rechtschreibung II, 3. Auflage, Mannheim
   (Dudenverlag) 1997; ISBN 3-411-05593-6
Duden – Wie schreibt man jetzt? Ein Übungsbuch zur neuen deutschen Rechtschreibung,
   2. Auflage, Mannheim (Dudenverlag) 1999; ISBN 3-411-06192-8

Die **Duden-Sprachberatung** beantwortet Ihre Fragen
zur Rechtschreibung, Zeichensetzung, Grammatik u. Ä.
montags bis freitags zwischen 9.00 und 17.00 Uhr
unter der Telefonnummer **0190 870098**
(1,86 € pro Minute, deutschlandweit).

Bibliografische Information der Deutschen Bibliothek
Die Deutsche Bibliothek verzeichnet diese Publikation in der
Deutschen Nationalbibliografie; detaillierte bibliografische Daten
sind im Internet unter http://dnb.ddb.de abrufbar.

Das Wort Duden ist für für den Verlag
Bibliographisches Institut & F. A. Brockhaus AG
als Marke geschützt.

Redaktion Werner Scholze-Stubenrecht
Herstellung Monika Schoch

Typografie und Satz Farnschläder & Mahlstedt Typografie, Hamburg
Druck und Einband Progressdruck, Speyer
Printed in Germany
ISBN 3-411-04183-8